CONDITIONS FUTURES

DE

L'ÉQUILIBRE

ENTRE LES PUISSANCES

PARIS

AD. LAINÈ, LIBRAIRE-ÉDITEUR

RUE DES SAINTS-PÈRES, 19

1867

DE L'ÉQUILIBRE

ENTRE LES PUISSANCES

Nous avons le droit d'attendre de nos députés et de notre gouvernement qu'ils nous fassent connaître et comprendre le rôle de la France dans des événements qui semblent marquer le point de départ d'une phase nouvelle de l'histoire européenne.

Or c'était précisément l'objet de la discussion du Corps législatif sur les interpellations de M. Thiers (du 14 au 18 mars 1867). Cet objet a-t-il été rempli? Le pays est-il plus *éclairé* après qu'il ne l'était avant les interpellations? Est-il *fixé* sur les éléments constitutifs de l'équilibre nouveau? Est-il *préservé* des égarements où pourrait le jeter le moindre incident compliqué de faux points d'honneur ou de faux intérêts? — Examinons.

— « Vous pouviez empêcher ces événements, dit M. Thiers au gouvernement, et vous ne l'avez pas fait, par un mélange de maladresse et de convoitises inavouées. Vous avez fait l'unité italienne, vous avez laissé faire l'unité allemande, l'une et l'autre contre vous, tandis que la politique de la France avait toujours été de diviser ses voisins. Vous vous égarez dans des propagandes qui sont des duperies, tandis qu'on avait toujours considéré comme sage d'agir suivant les circonstances. »

— « Vous ne pouviez rien empêcher, dit, au contraire, M. J. Favre, car vous êtes le despotisme, allié naturel de la force, et la

France ne peut avoir d'action à l'extérieur que par la contagion des idées républicaines. Donc, rien d'étonnant à ce que vous ayez encouragé les abus de la force, et si vous n'avez pas eu votre part du butin, c'est que vous avez été dupés. »

Mais la question? La question de bien ou de mal est-elle posée? — Vous pouviez empêcher les agrandissements de la Prusse, dit l'un; vous ne le pouviez pas, dit l'autre adversaire du gouvernement; — tous deux parlant dans cette même idée, doctrinalement préconçue, et dont toute démonstration serait, sans doute, oiseuse, — que ces événements sont fâcheux. La question eût été d'abord, ce semble, de montrer qu'*ils sont nécessairement fâcheux;* de le montrer par les conditions intrinsèques mêmes de ces événements, et non pas seulement par cet effet accessoire et externe de la réforme de l'armée. Mais, pour pénétrer dans les conditions intrinsèques des événements nouveaux, il aurait fallu que M. Thiers pût dégager son admirable esprit des préoccupations inhérentes à des phases historiques aujourd'hui closes; il aurait fallu à M. J. Favre moins de parti pris, moins d'exclusivisme, plus de mémoire des avortements républicains et, peut-être, plus de connaissance-des faits extérieurs. Et quand ces messieurs avaient bien voulu rester hors du cœur de la question, il pouvait paraître commode au gouvernement de n'y pas entrer et de ne pas risquer d'inconvénients diplomatiques.

Voilà donc des interpellations sur la politique extérieure qui n'aboutissent à aucun éclaircissement pour le peuple français sur les vues et le rôle de la France, et qui, au lieu de grouper ses forces morales dans une direction utile, laissent plus que jamais flottante chaque opinion individuelle, chaque sentiment, chaque instinct, au risque de voir le moindre grain de sable, Luxembourg, ou, moins que cela, une bravade, décider si le fleuve sera emporté à l'Orient ou à l'Occident, si nos fils auront le désert ou la fécondité. — A quoi bon la discussion? — Peut-être à prouver une fois de plus que l'attention de nos hommes d'État de tous les partis, trop ordinairement absorbée dans notre seul orbite, n'a point encore été suffisamment fixée sur les conditions de force et d'avenir des autres États. La question a cependant été touchée, en passant, il est vrai, comme par crainte de compromettre une bonne solution future et de provoquer trop tôt et trop de front les intolérances de l'idée préconçue; mais M. Rouher s'est bien gardé de comprendre M. Ém. Ollivier, et sans doute, en effet, la Chambre aurait considéré comme du temps perdu d'écouter des développements relatifs à des faits qu'elle ne voit pas encore pressants.

Si la question avait été nettement, précisément posée, si l'on avait dit : Quelles sont vos vues sur les agrandissements de la Prusse? Qu'avez-vous fait pour favoriser ces vues? Que ferez-vous? Il aurait bien fallu que M. Rouher se décidât à les expliquer, et, quelques inconvénients diplomatiques que pussent avoir des explications réelles, il y aurait eu avantage pour la France et pour l'Europe à rendre clairs pour tous plutôt qu'à obscurcir les dangers qui menacent et l'Europe et la France.

Heureusement, ces dangers, connus partout hormis en France, un homme influent parmi nous et assez courageux pour oser quelquefois précéder le mouvement populaire et provoquer l'éducation des esprits, paraît les connaître. Cet homme a eu de longs loisirs pour les méditer, de nombreux et excellents points de vue, extérieurs, dégagés, par conséquent, de cet épais rayon de gloire qui nous empêche de distinguer les proportions et les mouvements des puissances; il avait l'instruction, l'intelligence; il a pu joindre à l'expérience, à l'observation, au raisonnement, les plus vastes informations. Cet homme est l'Empereur. Il veut asseoir une dynastie, et une dynastie ne s'asseoit qu'à la condition de représenter et de servir les intérêts de l'avenir d'un peuple. Tous ses actes, toutes ses paroles, indiquent une connaissance réelle de *la question extérieure*. Pourquoi donc son gouvernement profite-t-il de ce que les interpellations ne vont pas droit au but pour éluder la question? Est-ce qu'on craint d'étonner trop le pays, asservi à ses illusions ultra-françaises? — Mais où donc est le devoir d'un gouvernement si ce n'est d'éclairer d'abord, et puis de lutter contre les préjugés tenaces et contre les entraînements d'où dépend la mort ou la vie d'un peuple ! L'occasion était si belle pour formuler enfin cette politique à laquelle l'Empereur n'a cessé de travailler et qu'il avait déjà tout indiquée dans la circulaire de septembre 1866, et dans le discours d'ouverture de la session de 1867, —

cette saine politique dont la divulgation devait assurer à la France le concours de l'Europe, en même temps qu'elle eût d'avance réduit à néant l'influence des incidents !

Quels que soient les motifs qui peuvent avoir déterminé le silence officiel, nous croyons, nous qui ne sommes qu'un simple citoyen, devoir formuler nettement ce qui nous paraît être le système politique de l'Empereur, tel qu'on peut le construire d'après ses actes, ses écrits, ses discours. Malheureusement, ce ne peut être, de notre part, qu'un acquit de conscience *inutile,* à moins qu'un homme connu ne juge bon pour le pays de s'emparer à son tour de notre audace et d'en faire une *utile* mission.

Un tel homme ferait bien, croyons-nous, de démontrer au pays l'intérêt futur de sa politique extérieure, au risque de surprendre les esprits français, mais avec la certitude, s'il sait se faire comprendre, de grouper aussitôt l'Europe autour de la France.

C'est cette politique que nous allons nous efforcer d'esquisser.

Les événements de 1866, en Allemagne, constituent-ils, ainsi qu'on l'a avancé, des déceptions, des hontes, un amoindrissement de l'influence française? et la France a-t-elle sujet de reprocher à son gouvernement son inertie, sa maladresse, ses avidités inavouées?

Nous ne le croyons pas. — Nous pensons que c'est avec conviction, avec volonté, avec assentiment, que le gouvernement français a fait ou laissé faire non pas tous les incidents (et il est trop sage pour transformer des incidents en questions capitales), mais l'ensemble des événements qui, dans ces dernières années, ont pu altérer l'ancien équilibre des puissances. Tous les actes internationaux, économiques ou politiques de ce règne, justifient cette manière de voir. Et nous la croyons la plus sensée, par les motifs que nous allons soumettre au raisonnement du lecteur, en le suppliant de persister à lire, malgré les premiers chocs que pourront souffrir ses idées acquises.

Pour tous les Européens qui pensent, excepté pour les Français, dont la pensée s'absorbe trop volontiers dans le milieu français, la Russie (car, si l'on veut toucher au vif la question européenne, c'est à ce colosse même qu'il faut se reporter), la Russie attentive, habile à saisir l'à-propos, tantôt avec une vigueur impitoyable, et tantôt avec une modération pleine de tact, *se recueillant* après un échec, comme pour mieux choisir, une autre fois, le moment d'intervenir fructueusement dans les crises de l'Europe, — la Russie travaille incessamment, et dans la paix plus que dans la guerre, à préparer et à recueillir l'héritage de la civilisation européenne. Après « *finis Poloniæ,* » « *finis Europœ.* » — Qu'elle y vienne ! dit l'orgueil français. — Admettons, malgré les souvenirs de 1814 et de 1815, qu'elle n'y viendra pas tant que la France sera libre de ses mouvements. Elle n'y viendra *plus* aussi longtemps, sans doute, que le souverain de la France sera celui qui régnait en 1854. Mais c'est précisément parce que la Russie patiente peut compter sur des moments de défaillance et attendre, soit quelque fronde, soit quelque marasme, soit quelque guerre étrangère ou civile, qu'il est utile de voir en Europe d'autres États, capables avec nous, ou même sans nous, de défendre la civilisation européenne. Il faut que la France puisse passer, au besoin, par un état de maladie sans qu'à l'instant même toute l'Europe soit à la discrétion des Tzars. Or c'est là ce qui arrivait en 1848 et 1849, lorsque, saisissant l'occasion, les armées russes venaient sur le Danube protéger, à travers le gouvernement autrichien et contre les Madgyars, tous les Slaves, non-seulement de Hongrie, mais encore de toute l'Autriche et disloquer l'Empire; lorsque l'empereur Nicolas était adoré, invoqué comme un Dieu protecteur et vengeur dans toutes les petites cours, jusque sur notre frontière. Alors, si la France ne s'était pas relevée, si, un peu plus tard, la France eût manqué à l'Europe, — qui donc eût empêché la Russie d'accomplir enfin ses destinées, providentielles selon la foi, et de traiter l'Europe comme la Prusse traite aujourd'hui l'Allemagne ? — Était-ce l'Autriche, protégée contre une marqueterie de rébellions ? — Était-ce l'Italie ? émiettée depuis des siècles et impuissante à trouver quelque cohésion ? — Était-ce l'Allemagne ? dont tous les princes appelaient les Russes, dont les bégayements démocratiques étaient encore tellement inintelligibles

que le roi de Prusse en tenait moins de compte, malgré son ambition héréditaire, que du froncement de sourcils du Tzar? —
Était-ce la Suède? la Turquie? Était-ce, enfin, l'Angleterre? re-
tranchée dans son île, d'une sagesse très-habituellement réservée,
et d'une puissance considérable dans une lice où la Russie se gar-
dera de descendre?—Mettons à profit l'indication, l'enseignement,
que la Providence nous a ainsi donnés, il y a dix-huit ans! Com-
prenons que, naguère encore, le Tzar n'avait qu'un signe à faire
aux cours de Berlin et de Vienne pour unir toute l'Europe contre
nous! Sachons que, seuls en Europe, nous étions capables d'une
résistance plus ou moins longue, et qu'au premier moment de
défaillance ou d'inattention, tout succombait autour de nous.
Alors ceux qui disaient, rassurés par notre gloire militaire :
« Nous avons bien le temps de voir venir les Russes, » n'eussent
été désabusés que pour prononcer le fatidique « trop tard. »

Aujourd'hui, l'*Italie*, malgré les passions, les ingratitudes, les
antagonismes de détail (nous ne faisons point entrer dans cette
désignation la grande question religieuse), l'Italie est intéressée à
l'indépendance européenne, et elle acquiert des forces pour la défendre; — l'*Autriche*, relevée des soins qui l'épuisaient à l'Occident
et contre nous, se retourne, et, de vieille qu'elle était, se retrouve
jeune, pleine de séve et d'avenir, en regardant à l'Orient, adversaire naturelle de la Russie et notre alliée la plus sincère; —
l'*Allemagne* sans haine, substituée à la Prusse hostile, porte à
Berlin le flot irrésistible de son intelligence occidentale et démocratique, et, pourvu que nous la convainquions de notre acquies-
cement, de notre solidarité avec elle dans l'intérêt européen, elle
sera notre plus ferme alliée, notre garante la plus directement intéressée contre l'envahissement oriental, — et c'est elle qui pourra,
qui voudra dire aux Russes, même la France se trouvant empê-
chée : « Vous n'irez pas plus loin! » — Celui qui écrit ces lignes
était en Allemagne en 1849, au moment où le roi de Prusse ve-
nait de refuser la couronne impériale; il y était, revenant de Hongrie, où il avait été témoin de l'intervention russe et du travail
russe sur les populations sœurs des deux rives du Danube, pour
les exciter au mépris de leurs gouvernements légaux, mais pro-
tégés, d'Autriche et de Turquie, de leurs gouvernements d'*étran-*

gers (1) allemands et ottomans. Il fut frappé du sentiment uni-
versel de colère des Allemands de toute classe et de toute provenance
qui s'adressait, non pas à la volonté négative du roi, mais à sa
pusillanimité. « Il n'ose pas, disait-on, affronter l'empereur de
Russie. » — Celui qui écrit ces lignes s'efforça dès-lors de déter-
miner le gouvernement français à encourager l'ambition allemande, qui se faisait jour contre la Russie et qui devait sceller,
pour le salut de l'Europe et du droit, une longue alliance entre
l'Allemagne et la France ; mais il rencontra cette préoccupation
des rivalités passées, qu'il retrouve si vivace encore aujourd'hui,
et on lui répondit : « Avons-nous bien intérêt à l'unité de l'Allemagne ? »

. Ce sentiment populaire, que M. Ém. Ollivier a finement repro-
ché à M. Thiers de trop négliger pour l'étude des protocoles, ce
sentiment *créait l'Allemagne contre la Russie.* C'est ce sentiment
du peuple allemand qu'il serait urgent de voir appuyer par le
peuple français. Fortifions-le ; ne changeons pas son objectif ;
que nos jalousies maladroites ne le retournent pas contre nous ;
ne nous laissons point exciter, comme les taureaux du cirque, par
la moindre banderolle perfidement ou sottement agitée ; — car le
dilemme *existe.* L'Allemagne se formera *ou* contre la France *ou*
contre la Russie. Nous disons plus. Que l'unité se fasse par Franc-
fort ou par Berlin, par le *peuple allemand* ou par la *cour de Berlin,* le fait sera en peu de temps le même, et rien n'empêchera
que l'Allemagne, fière, patriote et intelligente, ne devienne promp-
tement un État libre, et par conséquent occidental. Nous croyons
fermement que le point du globe où M. de Bismark est encore
le plus cordialement maudit est Pétersbourg, et les efforts qui
pourraient être tentés pour exciter l'Allemagne contre la France,
seraient le dernier souffle de ce féodalisme vaincu qui invoque les
Tzars.

C'est une grave faute que de jeter l'inquiétude dans la nation
française en lui montrant l'ancien équilibre européen altéré à son
détriment et en excitant sa jalousie contre la Prusse ; — c'est

(1) Niemet, niemzi, muets, quiconque ne parle pas la sainte langue slave.

nourrir sa passion dans le cercle restreint des siècles derniers ;
— c'est, par conséquent, l'aveugler sur les proportions nouvelles
des puissances et l'empêcher de prévoir. S'il est vrai que la Russie
doive bientôt posséder cent millions d'hommes, il nous semble
que c'est précisément le cas de ne pas forcer à lui servir d'avant-
garde quarante millions d'Allemands, et le cas, au contraire, de
rattacher à nous ce vieux peuple, notre émule et notre frère en
civilisation européenne. Ce serait cruelle duperie que de lutter
encore pour l'équilibre entre nos petits États quand de grands
États, naguère lointains, sont venus prendre pied au milieu de
nous et part très-intéressée à toutes nos affaires. Il y a bien toujours là une question d'équilibre, mais ce ne sont plus les mêmes
poids.

L'*Équilibre*, en effet, a pour formule absolue la *Proportion* à
garder avec les nouveaux venus ; la proportion a pour *Moyen* nécessaire l'*Annexion*, destinée à l'atteindre, ou la *Confédération*,
à la condition que ce soit la Confédération d'États puissants, et non
l'assemblage de grains de sable. Jadis, la question d'équilibre
s'agitait entre la France, la Bourgogne, la Bretagne, etc. ; la
France a tout annexé pour pouvoir débattre la question d'équilibre avec l'Espagne, l'Autriche, l'Angleterre ; aujourd'hui, pour
préparer l'équilibre entre l'Europe, l'Asie et l'Amérique, il faut
une Confédération d'États puissants, — à moins que l'on *ose* sou-
tenir que la France doit annexer toute l'Europe ! — Comme il
n'est personne, en France ni en Allemagne, assez fou pour parler
d'annexion de toute l'Europe, il est évident qu'une Confédération
tendant à devenir de plus en plus étroite peut seule garantir l'a-
venir de la civilisation européenne, qui nous est chère à tous, en
maintenant à l'Europe son équilibre à venir entre les colosses
russe et américain.

Nous pensons que ces vues sont celles du gouvernement français et nous regrettons que des convenances, diplomatiques
sans doute, aient empêché de les proclamer bien haut ; car nous
sommes d'avis que la France doit toujours avoir intérêt à faire
hautement connaître l'ensemble de sa politique, sinon chaque
détail, de sa politique essentiellement humaine et sympathique
au droit ; nous sommes aussi d'avis qu'elle doit se montrer peu

soucieuse de choquer quiconque comploterait contre le droit et l'humanité.

Ces vues nous paraissent donc justifier suffisamment la politique du gouvernement et la justifier fort loin par-dessus les considérations qui disposeraient des esprits honnêtes, mais attardés, à voir des échecs, des déceptions et des humiliations pour nous dans les événements récents de l'Europe. Elles pourraient étonner toutefois. On trouve que la Russie est bien loin et n'est pas en cause; que nous exagérons, peut-être que nous créons un fantôme? Qu'on se souvienne de l'étonnement qui se manifesta aussi, de l'opposition de tout ce qui se croyait prudent et sage, quand l'Empereur entreprit cette série de réformes économiques et internationales qui sont devenues, malgré tout, l'une des gloires et l'une des richesses de la France, en même temps que la plus utile préparation à cette union européenne qu'il semble rechercher. Avant de persister dans nos fatals dédains, consentons à réfléchir, à étudier avec notre gouvernement, très-sincèrement intéressé à bien servir la France, ce qu'il peut y avoir de réel dans un danger russe et par quels moyens on peut le conjurer. Et puis, quand nos sentiments sont blessés par de regrettables jactances prussiennes, et que nos colères ne voient pas au-delà de l'Allemagne, rappelons-nous que les peuples qui détruisirent l'empire romain n'étaient que poussés eux-mêmes par d'autres peuples dont Rome ignorait le nom !

Si jamais « mot » fut profond et vrai, c'est ce mot : « Tout arrive. » Les éventualités menaçantes que nous osons signaler ici eussent néanmoins passé pour des fantasmagories ridicules avant les hardiesses de la Prusse; elles ne seraient plus même maintenant, de la part de la Russie, que de simples plagiats.

Notre politique extérieure et notre système économique, tout l'indique, ont tendu ensemble au même but et, ce but, le voici : Resserrer tellement nos liens, unir si intimement nos intérêts, nos habitudes, nos esprits, nos goûts, avec les autres peuples de l'Europe, si bien respecter, quant à la France, au moins, les droits des plus petits, que bientôt nous puissions avec eux, et, notamment, par le concours de l'Allemagne et de l'Angleterre, former une Confédération fraternelle qui soit assez solide et musculeuse pour ne plus craindre d'écrasement entre l'Asie et l'Amérique. Cette politique, nous ne voyons aucune raison de la cacher. Elle nous semble plus profitable et plus avouable que la politique peu morale du « diviser pour régner, » ou que le souffle des révolutions incessantes. Nous sommes persuadé que l'Empereur n'a pas cessé d'y travailler, — soit en formant, au lendemain de 1848, et quand on croyait partout qu'il allait faire revivre les passions et les luttes du commencement du siècle, cette union intime avec l'Angleterre et cette espèce de coalition européenne contre la Russie qui retournait la sainte alliance, — soit en forçant, en quelque sorte, la France, au risque de fâcheuses impopularités, à inaugurer et à répandre les libertés commerciales, — soit en appuyant l'Italie, — soit en ne s'opposant pas à la tentative allemande, — soit même en cherchant à nous habituer à porter au-delà des mers notre besoin d'activité, au risque, malheureusement, de *fautes* inhérentes à notre inexpérience à tous en ce qui concerne les contrées d'outre-mer autant qu'à notre générosité, si souvent mal récompensée dans le cours de notre histoire.

Cette politique, conforme à l'intérêt européen, signifie-t-elle que le gouvernement français approuve *tout* ce qui s'est fait ? qu'il n'ait pas, autant que qui que ce soit, regretté certains actes, redouté l'inconnu, les hasards de la force ? on peut induire le contraire de ce qu'il a incontestablement cherché à modérer partout les passions trop ardentes. — Il est probable, d'ailleurs, et il est bon aussi qu'on le sache, que si, malgré ses représentations, malgré ses efforts, le chaos devait décidément se produire en Europe, la France pourrait, à son tour, se jeter dans la mêlée ; mais nous avons la foi que ce ne serait pas comme spoliatrice, et qu'elle emploierait sa force à ramener partout le règne du droit.

Cependant, il faut malheureusement prévoir cette éventualité ; et, soit qu'elle appelle l'intervention de la France en Europe, soit qu'il y ait lieu de défendre l'Europe elle-même, il semble, après cet exposé, que nous devions étudier les moyens de maintenir au niveau du siècle notre force militaire, sans qu'il soit nécessaire de voir dans cette étude quelque preuve de machiavélisme. — Il

suffit que nous voulions tout simplement ne pas nous en re-
mettre à autrui du soin de protéger et la France et le droit. C'est
une vieille habitude de notre pays, celle-là, qu'il sera bon de
transporter dans les phases à venir de son histoire. — On a parlé
de conquêtes, de compensations ! de la Belgique, du Rhin ; déjà
la Hollande était la part de la Prusse dans cette politique. Nous
espérons bien que le gouvernement français n'est pas disposé à
recommencer avec Frédéric et Catherine un partage de la Pologne, et que de telles suppositions ne sont pas dignes de lui. Tandis
que trop de gens préoccupés du passé seraient prêts à recommencer aveuglément des luttes d'influence, de puissance, d'intérêt
égoïste, contre la Prusse ou l'Italie, contre l'Autriche ou l'Angleterre, nous pensons, nous, qu'il est déjà plus que temps de ci-
menter une alliance étroite, intime, dévouée, avec chacune de ces
puissances, si nous prétendons fournir une nouvelle carrière,
substituer l'usage libéral et démocratique de la politique au grand
jour à la possibilité des iniquités cachées des potentats, — et garder, sans nous asservir les uns les autres, nos proportions avec
les deux colosses que l'Empereur a signalés et qui ont inauguré
déjà une nouvelle phase de l'histoire du monde. Formons, chré-
tiens occidentaux, une famille riche, prospère, unie, honorée,
dont nous soyons membres influents, et non pas, comme des Asia-
tiques, un despotisme solitaire et desséchant.

Si ces explications avaient été données officiellement, la diplomatie pourrait-elle les trouver inconvenantes ? La Russie pourrait-elle s'en plaindre ? — Assurément, les gens méticuleux ver-
raient quelque chose d'insolite dans cette désignation si nette
d'un antagonisme permanent. Mais nous avouons ne pas comprendre le moyen de concilier les demi-mots, les banalités signi-
ficatives, les compliments menaçants de la diplomatie, avec l'instruction naïve et vraie à donner à une démocratie. Il faut bien
que les gens amoureux des formules et de l'étiquette en fassent
leur deuil : *Nous ne sommes plus des cours, nous sommes des
peuples*, des peuples sérieux et pourvus de cette éducation, qui en
vaut bien une autre, et qui consiste à respecter autrui ; mais
nous sommes simples comme la simple honnêteté, comme le sim-

ple bon sens, et nous comprendrions difficilement des séries de protestations d'étroite amitié et d'étroite alliance là même où nous voyons le plus vif antagonisme.

A notre époque, nous croyons donc ces explications bonnes pour tous : — *pour les Français,* dont elles appellent l'attention sur des faits capitaux qu'ils ignorent, dédaignent, négligent ou nient ; — *pour les peuples européens,* grands et petits, qu'elles doivent rassurer sur nous, ou qui, déjà plus ou moins courbés par le vent russe en raison directe de l'éloignement ou de l'indifférence de la France, renaîtront à l'espérance et retrouveront le courage de résister en acquérant la certitude que la guerre de Crimée n'est point un accident, et que c'est avec zèle, avec suite, que nous sommes désormais attentifs à leur sort. Il ne faut point oublier, à ce sujet, un précédent précieux, un traité qui ne doit pas devenir lettre morte, car il est comme la clef de voûte de la politique que nous recommandons, le premier des actes de prévoyance sévère et de sûreté nécessaire de l'Occident à l'égard de la Russie ; nous voulons parler du traité de 1855 avec la Suède et la Norvége, par lequel ces puissances s'engagent à divulguer aussitôt à l'Angleterre et à la France toute proposition russe qui leur paraîtrait suspecte ; nous croyons ces explications bonnes même *pour la Russie,* qui sera avertie que ce leurre banal de Constantinople ne nous absorbe plus et que nous ne sommes plus disposés à nous fier à la seule Angleterre du soin de ranger une flotte devant le Bosphore, comme si Diebitsch ne connaissait pas une route de terre. Car nous savons désormais, à la suite des Allemands, que le Bosphore et le Sund peuvent être des accessoires utiles pour la marche de la Russie vers l'Occident, mais que son action principale est un travail de désagrégation exercé directement sur le continent, où elle a pris position, grâce à notre lâcheté du dernier siècle ; que c'est par ce bastion de la Pologne russe, tout prêt à détacher la Pologne autrichienne, la Pologne prussienne et bientôt les enclaves prussiennes de la Baltique, voire même l'île sainte de Rugen, ancienne résidence du Mikado des Slaves, qu'elle compte bien percer ; pour la Russie qui, obligée ainsi, par l'attitude de l'Europe, à renoncer aux satisfactions orgueilleuses de ses mauvais instincts, aura sans doute la sagesse d'employer, avec le concours de cette Europe, qu'elle croyait trop malade, ses admirables facultés à appeler à la vie, à la prospérité, à la gloire, la plus immense portion de ce globe que la Providence ait jamais confiée à une seule direction.

Le uouvernement français aurait pu, croyons-nous, émettre avec quelque orgueil ces explications de sa conduite, et pour l'instruction du peuple français, et pour la justification des réformes militaires. Appeler l'attention sur ces faits, c'était provoquer d'abord des dénégations, mais, en même temps, l'étude et, peu à à peu, la conviction et le concours de la nation ; c'était couper court peut-être aux interprétations erronées de notre presse sur ce qui se passe en Allemagne, et à des excitations funestes, capables d'amener entre l'Allemagne et la France ce que les Russes, non moins que les autres Européens, considéreraient, dans des sentiments opposés, comme une sorte de guerre civile ; c'était empêcher que des défis ne fussent jetés des deux côtés du Rhin par des enfants et des aveugles ; c'était prévenir, peut-être, un vertige fatal à toute l'Europe.

L'Empereur a prouvé, à plusieurs reprises, qu'il comprenait plus sagement les choses, et qu'il ambitionnait, pour la France et pour sa dynastie, une mission populaire, honnête et intelligente, et non ce rôle de dupe, rôle odieux autant qu'usé, qui consisterait à s'affilier aux forts pour dépouiller les faibles. Il a prouvé, en outre, tout le caractère nécessaire pour résister aux erreurs, aux préjugés, aux faux points d'honneur et pour ramener le peuple français au bon sens. Qu'il persévère, en dépit de l'opinion égarée ; mais, encore une fois, qu'il *fasse la lumière* ; qu'il n'accepte d'aucune main aucun morceau de territoire, qui ne serait jamais qu'un payement indigne de nous et, d'ailleurs, qu'une compensation dérisoire ; qu'au nom de la France de 89 il proclame le droit ; — et puis, qu'il maintienne avec vigilance les forces de la France au niveau des nécessités à venir, afin qu'elle ne cesse pas d'être comptée pour ce qu'elle fut toujours et par ses amis et par ses ennemis !

INCIDENT DE LUXEMBOURG.

Il y a, dans cet incident, deux choses : Une difficulté de fait ; une difficulté d'amour-propre.

La difficulté de fait est peu grave ; elle est de celles que chaque jour voit naître et aplanir entre gouvernements sérieux.

Une difficulté d'amour-propre ne doit amener de conflit entre gens sensés que s'il existe une de ces situations de malaise général qui demandent une solution au moindre prétexte. Entre la France prospère, tranquille, occupée de ses travaux civilisateurs, et l'Allemagne en voie d'unité, et que ses succès doivent satisfaire, il n'y a pas place pour le malaise général dont nous parlons.

Il faut respecter cependant l'amour-propre des peuples, même quand il est soulevé hors de propos, et éviter de le blesser.

La guerre qui résulterait d'un premier acte d'hostilités entre Prussiens et Français, et qui mettrait en péril l'œuvre allemande, la prospérité française, l'existence de tout ce qui *est* en Europe et les intérêts généraux de l'univers, ne saurait être vue avec satisfaction que par la seule Russie intéressée à la faiblesse de l'Allemagne et à l'affaissement de l'Europe.

Si les deux gouvernements de Berlin et de Paris s'entendaient pour calmer l'effervescence d'amour-propre des deux nations, ils déclareraient, d'un commun accord, qu'ils ne veulent plus s'occuper de ce conflit malencontreux et qu'ils remettent la solution de la très-minime question de fait qui y a donné lieu, à un arbitre dont ils s'engagent, d'avance, à suivre de point en point les instructions. Cet arbitre pourrait être la Reine d'Angleterre ou le Président des États-Unis.

Sans prétendre préjuger son arbitrage, on suppose qu'il pourrait ordonner, par exemple, que le Luxembourg restera un État absolument indépendant et que sa forteresse sera absolument démantelée. Les Luxembourgeois seront heureux de n'être plus un pivot stratégique ; les Allemands sortiront sans outrage d'une situation qu'ils trouvent gênante pour leur amour-propre, et les Français n'auront point à attenter de leurs propres mains à l'intérêt permanent de l'Europe.

Si ces propositions justes et modérées ne devaient point être accueillies à Berlin, c'est que décidément le vertige y serait à son comble et que la providence des Moscovites l'emporterait sur celle qui a conduit notre civilisation.

Typographie de Ad. Lainé et J. Havard, rue des Saints-Pères, 19.